# 멍청... 해송화

이월호 시집

채운재 시선 171

# 멈칫... 채송화

이월호 시집

도서출판 채운재

## 인사말

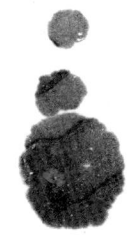

발 앞에 붉은 단풍잎 한 장이
무심히 내려앉습니다.

또 가을인가 하고 하늘을 보니
푸르른 하늘에서 온 바람이 기댑니다.

봄, 여름 지나고 가을이 오는 길
부끄러운 마음으로 부족한 인사 드립니다.

늘 노력하겠습니다.
꼭짓점을 향하여 조심스럽게 한 걸음씩
느리고 느린 달팽이처럼요.

귀한 인연의 오늘, 감사합니다.

        2023년 가을이 오는 길

                        이 월 호

차례

인사말 … 5

## 제1부 걸음마

걸음마 … 12
큰일이다 … 13
네니까, 네라서 … 14
기다림 … 15
좋다 … 16
비 내린 날엔 … 17
그 집 앞에서 … 18
몰랐어요 … 19
한 사람을 위한 기도 … 20
그대 … 21
청화 색 쑥부쟁이 … 22
미화된 에덴동산 … 24
오늘이 지나서 … 25
사랑의 이름 … 26
이름 석 자 … 27
점지된 사랑 … 28
둘 … 29
맞춤 사랑 … 30
마음 하나 더 … 31
꽃의 울음 … 32
너만을 위한 기도 … 33
개망초 핀 언덕에서 … 34
비와 그리움 … 35
그대라는 이름 … 36
당신이라는 가을 … 38

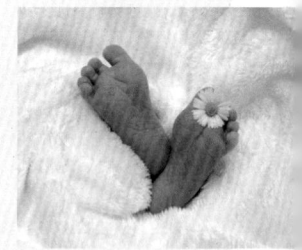

## 제 2부 멈칫… 채송화

그럼요, 그럼요 … 40
멈칫… 채송화 … 42
별을 닮은 그대 … 43
유월이 오는 날 … 44
감자꽃 밭에서 나는 울었네 … 45
사랑해 갱년기 … 46
나는 스토커 · 1 … 47
나는 스토커 · 2 … 48
울보랍니다 … 49
기억하라 갱년기 … 50
홍시의 계절 … 51
당신의 자리 … 52
담쟁이의 넋 … 53
오월 향기에 내 마음 쉬고 … 54
아침이슬 저녁노을 … 55
찬비 젖은 모란 옆에서 … 56
이팝꽃 피는 길 … 57
연꽃에 반하다 … 58
꽃밭에서 … 59
갈잎의 노래 … 60
코스모스 순정 … 61
봄은 어디에서 오나요 … 62
은사시나무의 동경 … 63
사랑하기 좋은 날 … 64

## 제3부 꽃물을 들여요

백일홍을 닮다 … 66
봉숭아 꽃망울·1 … 67
봉숭아 꽃망울·2 … 68
꽃물을 들여요 … 69
물억새 … 70
소화의 금지된 사랑 … 71
바라기 … 72
민들레 순정 … 73
목단꽃이 피었어 … 74
목련이 피는데 … 76
진달래 상념 … 77
도라지꽃 보며 … 78
접시꽃을 보면 … 79
비와 나 … 80
비 오는 밤이면 … 82
민들레의 고요한 도발 … 83
민들레 홀씨 … 84
자운영꽃을 잊었니 … 85
수수꽃다리 피는 날 … 86
꽃비 내리고 … 87
보랏빛 제비꽃 … 88
하얀 꽃 편지 … 90
그녀는 풀꽃 … 91
풀꽃으로 살고 싶다 … 92
꼬치, 꽃이 … 93
부족한 사랑 … 94

## 제4부 별과 비와 나

나를 위한 기도 … 96
매미 허물을 벗다 … 97
김장 블루스 … 98
수평선 저 너머 … 100
택배로 온 고향 … 101
담쟁이 … 102
별과 비와 나 … 103
너만 좋으면 돼 … 104
거미줄 같은 날 … 106
미역이 살아났다 … 108
사랑에 대하여 … 109
네가 있었으면 … 110
커피를 사양합니다 … 112
내 사랑 볼펜 … 113
커피 한 잔 … 114
그런 사람 … 116
빙점 … 117
등 … 118
낙엽 소리 … 119
서해 낙조 … 120
가을 닮은 여인에게 … 121
9월이 기차를 타고 … 122
가을 서곡 … 123
가을에 꽃 피는 여자 … 124
달팽이가 쓰는 시 … 125
홍시가 익어가는 길 … 126

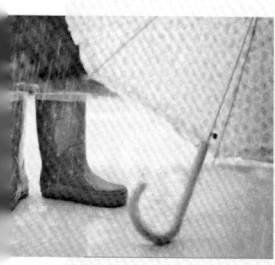

# 제1부

## 걸음마

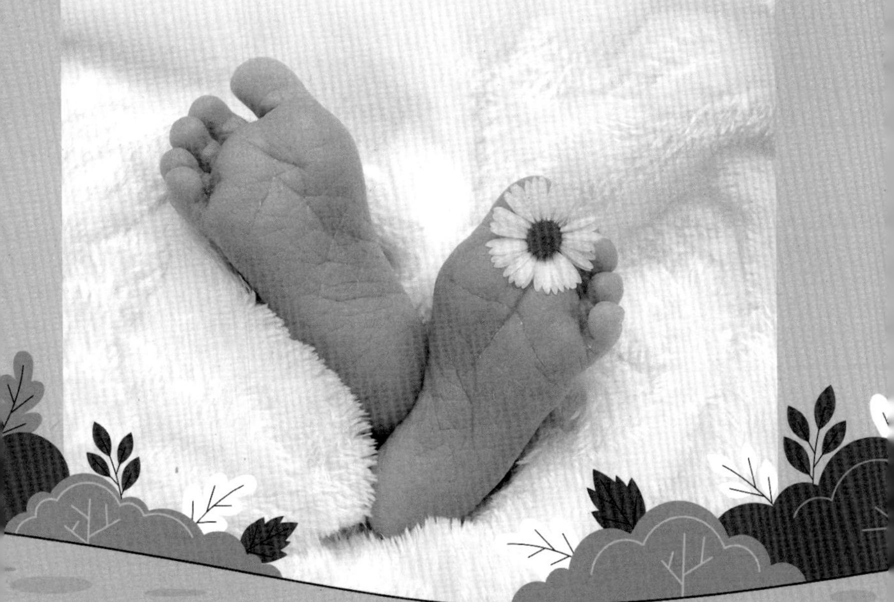

## 걸음마

아직은요
다리가 여려요

지금까지
앉아서만 바라본 세계

너무 넓어
두려움도 있답니다

첫걸음마
열심히 걸을게요

# 큰일이다

기억 하나로
온몸이 아픈데
무단으로 밀고 들어온 빗물

심장은 없고
그리움만 남았는데
큰일 났다, 미치게 보고 싶다

여전히 천 개의
강에는 비가 내린다
이 비가 그치지 않으면 큰일이다

하늘이여
제발 그 사람
다시 사랑하게 해주소서

## 네니까, 네라서

웃어주고 응원하고
늘 같이 바라봐 주는 이
네가 있어 행복하단다

네니까
네라서
같이 가는 길 외롭지 않겠다

쓰윽 불어오는 바람에
씨익 한 조각 미소를 담아
너에게, 너에게로 보낸다

# 기다림

그대 아직 꿈꾸고 있는가
비 오고 눈 오는 날 많아도
포기하지 말고 살아야겠지

쉬운 일이 어디 있겠어
그리 간단하지도 않겠지

아린 이 찬비 지나가고
단비가 내리는 날 오면
푸르른 새싹 돋아나겠지

희망의 봄 거기 앉아
두 팔 벌려 널 기다리겠지

## 좋다

눈을 떠 보면 새벽하늘처럼
맑은 그대의 안부가 좋다

사방이 꽃향기로 가득하고
새하얀 구름 떼의 워킹 소리

은빛 바람결의 지느러미
강가에 피어난 물안개가 좋다

그 아래, 그 길에 고운 그대를
만날 수 있음에 얼마나 좋은가

이렇게 아름다운 날 그래서 좋다
그대 사랑할 수 있음에 더 좋다

## 비 내린 날엔

이렇게 타닥타닥
하얀 비 내리는 날엔
폴폴 끓고 있는 커피에서
당신의 향기가 납니다

이렇게 투둑투둑
투명 비 내리는 날엔
차가운 빗물마저도
당신 향기가 젖어 옵니다

이렇게 유리창에 쿨렁쿨렁
비가 내리는 날엔
울컥울컥 당신 생각에
아무것도 할 수 없습니다

비를 좋아하는 사람은 압니다
비에 젖은 이름 하나 있다는 것을
끝내 그리운 마음 전하지 못한 체
두 눈은 눈물비에 뜨겁다는 것을

## 그 집 앞에서

그대가 그리워 왔습니다
만나고 싶어서 왔습니다

그리도 보고 싶어 왔으면서도
기대고 싶어서 왔으면서도

무심코 지나다가 들렀노라고
가슴은 핑계 댈 궁리만 합니다

단풍잎 하나 툭 떨어지길래
닫힌 창가에 고이 끼워 두고는

부를 용기 없어서 그냥 갑니다

사랑하고 사랑해야 할 이 가을
나 혼자 쓸쓸할까 봐 슬퍼집니다

나는 아무래도 바보인가 봅니다

## 몰랐어요

이렇게 그대를
사랑할 줄 몰랐어요
그대의 진실한 가슴을
알아버렸어요

바람이 재촉하고
꽃잎이 스러져도
우리의 느린 사랑은
정열적인걸요

오늘도 가슴에
빨갛게 달을 담았어요
몰랐어요, 이렇게 그대를
사랑하게 될 줄을

## 한 사람을 위한 기도

한 사람만 사랑하게 해주소서
흔들림 없는 순정을 주옵소서

하나의 작은 울음이라도
풀꽃같이 진실하게 울고

보이지 않는 그림자로
변하지 않는 믿음이게 하소서

우주의 심연과 섭리 속에서
사랑의 정점이 풍경이게 하시고

삶의 흰 깃에서 꺼지지 않는
새까만 눈동자가 되게 하소서

그대도 나처럼
풀꽃 같은 마음이게 만져 주소서

# 그대

그대

혹여
내 생각 하면서
저 은빛별 물결을
보았나요

가슴 아플 만큼
일렁거렸나요

## 청화 색 쑥부쟁이

지금 저 멀리 강나루 건너
뭇꽃들이 피고 있을 거야

작은 토기 안엔 진보라 꽃
청화 쑥부쟁이 맑게 웃고

홀로 갈색 테라스에 앉아
짙은 커피 향 즐기는데

허브꽃에 걸린 거미줄 세상
심장의 리듬을 앗아가고

그리움 포자들이 저 하얀 줄에
조롱조롱 걸터앉아 팽팽하다

늙은 거미 한 마리 울어 뽑은
진득한 물방울이 하나, 둘 터지면
은연 사랑의 유언인가, 실토인가

아슬아슬한 나선에 올려놓은
무채색 사랑의 그대를 믿는다
우리의 아름다운 사랑을 믿는다

## 미화된 에덴동산

고요한 심연의 바다로
쿵쿵 노랑별
하나가 떨어져 파고를 일으킨다

말과 글의 간극이 찰랑거리고
감정과 느낌이 소용돌이친다

그 간결한 한 문장이 뭐라고
그 난초 같은 시 한 편이 뭐라고

쿵 떨어지는 심장의 소음이
하루의 색깔을 유화로 덮는다

옷을 벗고 에덴의 동산에 올라
한참을 숨죽였다
사랑이다, 갈증이 흘러간다

# 오늘이 지나서

밤이 깊으면
어둠을 먹고, 물고
은은한 눈웃음으로 기다릴게요

그대는
저 은빛 초승달이 간직한
사랑을 아시나요

꽃 같은 그대 외로움과
상처 앓이를 아물게 어루만지고

나는요
달처럼 어둠을 녹인 사랑으로
느낌표와 쉼표를 적고 싶어요

오늘이 지나고, 오늘이 지나서
가끔은 서운하다 생각 들더라도
내 손을 꼭 잡고 기다려 주세요

그대 아름다운 풍경 같은 사람
마지막 내 안의 시 같은 사랑

## 사랑의 이름

살다 보면 예기치 않은 여러 감정에
찔리게 되고 아픈 걸 감내해야 해

사람 관계에 미묘한 오해와 다툼에도
더러는 한 점 햇살과 빗물에 눈물 나지

생각 없이 버린 꽃잎 하나에 미안하고
우연히 본 한 줄의 글이 몹시 찔리더라

그래도 아이러니하게 그 분홍 화살은
놀랍게도 꺾질 못하는 환상이 있더라고

신중하게 쏜 사람도 정통 찔린 사람도
순정의 과녁에 미화된 사랑의 이름으로

# 이름 석 자

이름 석 자
비뚤 적어 놓고는
작은 파도를 기다렸습니다

월하에
이그러진 마음 지우려도
아직 파도는 오지 않았습니다

호반에는
일렁이는 불빛만이
파도인 양 혼자 여울집니다

## 점지된 사랑


파아란 하늘 바람의 향기
은하수 물결 잔잔한 풀꽃

이곳이 얼마나 좋은 낙원인가
우렁우렁 사랑의 꽃을 피우자

그대니까, 그대라서 괜찮다
그대라서, 그대니까 사랑한다
가슴 가득히 점지된 사랑을

강물 같은 풍성한 사랑 아니어도
하얀 빈 껍질 가슴과 등 안아주며

뜨거운 입술로 향기로운 별을 줍고
아름다운 숙명, 숙명으로 앓자

샛강 물소리, 꽃잎 떨어지는 소리
들리시나요, 은하수 그 아래
행복한 미소 벙그는 소리가

# 둘

그대여
그대야 나만 믿고
내 손 꼭 잡고 함께 가요

당신은
좋은 사람이니까
한순간도 잊어본 적 없어요

그대여
비를 맞던 별을 따던
늘 나와 함께 해주실 건가요

그럼요
이승이든 저승이든
오직 당신만을 믿으니까요

## 맞춤 사랑

혹시요

사랑의 퍼즐이 맞지 않아
다투거나 울어본 적 있나요

세모, 네모, 마름모
동그라미에 어긋난 것들

있잖아요

굳이 힘들게
애써서 맞추려고 했나요

아름다운 사람의 사랑은
가슴이 죽지 낳은 사랑이래요

그래서요

사랑해서, 너무 사랑해서
죽지 않는 가슴으로

# 마음 하나 더

마음과 마음 사이
너와 나만 있어야 해

너와 나 사이
사랑만 있어야지

사랑과 사랑 사이
너와 나의 행복만

얼마나 고마운지
난 펑펑 울었버렸어

## 꽃의 울음

여리고 단아한 꽃도
하 많은 사연을 담았거늘
작다고 예쁘다고
순하게만 울었을까

어떤 날은
조롱조롱 눈물방울 달고
어느 애모의 밤엔
모가지가 꺾이도록
밤새워 꺼이꺼이 목 놓아
울기도 하였겠지

아직도 꽃의 울음은
들어본 적은 없어
비 내리면 어이해서
빗소리만 들리는 걸까
비로소 듣고 보일 땐
사랑도 고해인 것을 알겠지

## 너만을 위한 기도

야속한
시간에도
기도는 계속된다

조용히
불러보는
외로운 이름 하나

가을 길
붉어 오는 날
기다리고 있어요

## 개망초 핀 언덕에서

문득 그대 생각이 난 날 있지요
고개 들어 밤하늘 바라보았어요

초저녁 하나, 둘 그리고 사랑
처연한 그대 눈빛 별로 태어나서
꿈으로 흐르는 강 은하수라지요

눈부신 하얀 눈물을 보았어요
그 눈물 감추려 눈을 감고 말았지요
그리곤 서러운 잠이 들어버린 거죠

어김없이 아침은 오고 있었어요
눈앞에 펼쳐진 어제를 보았답니다
어젯밤 흐르던 눈물이 고였나요

은하수 강물 흥건히 일렁이는 거죠
그리움에 젖은 낮의 별을 보았어요

## 비와 그리움

그리운 사람이여

하염없이 비가 첨벙이는 날에
펄럭이는 비에 젖은 꽃잎처럼

비 한 다발 묶어 수반에 꽂고
고운 사랑을 속삭이고 싶어요

그리운 사람이여

빗물의 연가 흐르는 창을 열고
당장 그대 가슴 뜰 안에 뛰어가

온몸에 사랑을 파종하고 싶어요

## 그대라는 이름

오늘 아침은
그대라는 이름 앞으로
안부를 전하고 싶습니다

당신의 아침이
건강하고 맑고 화사한
아침이었으면 좋겠습니다

당신의 하루가
상큼한 미소와 어울림 하는
날이었으면 좋겠습니다

당신의 마음이
흐르는 바람결로 고요하게
잦아졌으면 좋겠습니다

당신의 오늘이
슬기로운 생각으로 청정한
밤이었으면 좋겠습니다

오늘, 이 밤도
잘 있다는 소식 한 마디에
그저 다행이라 좋습니다

## 당신이라는 가을

또다시
가을은 사랑의 계절이라며
자꾸만 찾아주는 붉음이 좋겠다

그날의
한 줄기 바람 사이로 꽂힌 사랑

오늘도
성지 찾아 나서는 순례자가 되고

또 다른
파리한 시선 흘겨보는 겨울은
어차피 겨를이 없어 외면하겠다

# 제 2 부

## 멈칫… 채송화

## 그럼요, 그럼요

엄마가 보고 싶어 하시면
하던 일 저만큼 밀어두고
내 얼굴 많이 보여드리면 돼요

보릿고개 시절 끼니 걱정으로
자식 입에 밥 들어가는걸
가장 행복하고 좋아하셨잖아요
맛있게 먹는 모습 보여드리면 돼요

시대 어긋난 구석기 이야기하시면
아주 즐겁게 들어주면 돼요
공감하면서 웃는 표정 지으며
맞장구치면 더 즐거워하시고요

그럼요
그럼요
효도란 마음 편하게 해드리는 거예요

너 살기 힘들지
무서운 세상 조심해라하시면
내가 가장 힘 세다고 말하면 돼요

엄마가 있어서 두렵지 않고
든든하다고 하면 마음 놓으신답니다

철마다 피어나는 들꽃 한송이라도
꺾어 안겨드리면 활짝 웃으시죠
천상 여자인 엄마의 순수한 모습에
마음 울컥해 지지만 행복하거든요

그럼요
그럼요
알고 보면 세상 가장 쉬운 일 이예요

## 멈칫… 채송화

고향 집 들어서기 전
덜컥거리는 심해의 물결

대문 입구 기다림의 잔해
침묵의 고요와 균열만

멈칫 그리움과 보고픔이
해일과 쓰나미로 밀려온다

대문 앞 딸 마중하시던 엄마
그 모습 미소는 하얀 낮달로

그 자리엔 빈 그림자만 누워
엄마 대신 한송이 채송화만

## 별을 닮은 그대

어젯밤은
달과 별이 오지 않았어
까만 밤 날이 새도록
눈물 닮은 빗물만이 다녀간 거야

오늘 밤은
빛나는 별 하나 바라보았어
당신을 무척 닮았네
영원히 지지 않을 별이었음 좋겠다

어느 날 간혹
바람과 구름, 비와 눈이 와서
당신 모습 감추려 하는 날
그래도 저 뒤편에서 바라봐 주세요

## 유월이 오는 날

오월, 이별의 수신을 담고
들과 숲도 울울창창 유월 길
열매들 유희에 마음도 츠빗츠빗

걸음 수 재촉한 텃밭의 향연
푸름의 목마를 탄 넝쿨 오이와

사춘기 입문한 옥수수 얼굴엔
소릇소릇 여린 수염이 자라네

열무는 허벅지에 하얀 살이 오르고
토란과 머위 땅따먹기를 하는구나

개구리 무당벌레 노란 진딧물
찐득찐득 함께 살자 생명의 여울

재 너머 보리가 익고 밀알이 익으면
누룩 디디는 달, 시름 밟는 달
내 사랑, 시처럼 향기 익어가는 달

# 감자꽃 밭에서 나는 울었네

어머니가 못 견디게 그리운 날
미루나무 선 강변 묵정밭에 간다

하얗게 감자꽃 쏟아지는 소리
호미 긁어 캐낸 천금 같은 감자알
눈물의 감자밥 목이 멘 옛 기억

감물들인 갈적삼 올올이 가난 박혀
근근이 버티신 쪼글쪼글한 어머니
하얀 감자꽃 밭에서 나는 울었네

아득히 뻐꾸기 소리 가슴 적시고
점점 멀어진다, 뻐꾹 뻐꾹 뻑뻐꾹

## 사랑해 갱년기


내 몸에서 견디지 못한 한 잎 꽃
떨어지고 난 빈대궁으로 서 있다

그러나 나는 안다

나는 평생 갱년기라는 것을

고독하지만 고립되지 않은
그건 또 다른 나만의 세계라는 걸

무거운 우울 버리고 내딛는
매력적인 여행의 끝이라는 걸

굳이 꾸역꾸역 외면하지 않는다

이 순간도 나는 설레이고 있으니까

파다닥 푸른 청춘은 아니어도
파르르 살아가고, 살아 있으니까

# 나는 스토커 · 1

나는 하늘, 바람, 풀꽃, 비, 시와
커피와 감성 짙은 노래를 좋아해

또, 평범하고 단순해 눈물도 뜨거워

간혹 별이 질 때까지 술도 찾지
집착이 단점처럼 심할지라도
맑은 정서를 괴롭히지는 않아

그런데 말이지 단순한 내가
잔인하게 고착된 스토커란 거야

감히 내 삶의 우물안에 맹목의
두레박을 찰방 끌어올리진 않아

나를 위하여 온몸을 다해 섬기지
지독히 나 자신을 사랑하는 죄야

사실 나는 구속 없는 선한 스토커

## 나는 스토커 · 2

청보랏빛 수레국화야

금방 어디론가 막 굴러갈 듯
오늘은 꼭 꽃수레 태워줄래

돌돌 바퀴 굴러 향기 뿜고
수신 없는 독백 편지 싣고

십자성 나라 엄마도 만나고
수레국화 고향인 영국도 가자

예쁜 수레 타고 소풍 가고파
김밥, 커피, 와인과 과일바구니

고운 챙 넓은 모자도 쓸거야
수레국화 좋아 스토커가 된 여자

청보랏빛 선한 수레국화야

## 울보랍니다

오월 햇살에 엉기어 당알당알
쌀밥 덩어리 늘어진 가지 끝에
뻐꾸기가 섧게도 울고 갑니다

어린 여자아이는 엄마를 부르며
꽃나무 아래 앉아 울고 있습니다

엄마는 순한 꽃잎만 고이 따내어
사랑으로 어린 딸에게 먹이십니다

어머니
벌써 여행 떠나신지 일 년 즈음
수북수북 눈보라 치듯 흰 꽃이 핍니다

조곤히 꽃잎 하나 무니 엄마 젖 냄새
톡톡 터진 하얀 향기 무심히 아파 와

엄마
천상에도 아카시아꽃 지천이겠지요
나는 여전히 어린 울보로 울고 있어요

## 기억하라 갱년기

앞에 떡하니
외길에 웅크려 앉은 터널 하나

어둡고 침침하고
물소리마저 공명되어
웅웅거리며 머리가 아프더라도

저기 한 사람
비틀거리는 모습 희미하게
그래도 한사코 빛을 찾잖아

가슴은 안다
지나온 사춘기처럼 앓는 걸
바삐 뛰는 심장에 하소연하며

저기 조금만 더
지나 보면 별것 아니란 것이리라

## 홍시의 계절

엄마는
사부자기 딴 주홍 땡감을
질항아리에 슴슴슴 우려 주셨지요

엄마의 그리움과 맑은 동경에 섧고
사발감 건지던 긴 간짓대만 멀대처럼
빈 여물통 곁에서 눈멀어 버렸어요

흐벅지게
홍시 떠먹은 달달한 입술
창공은 갈색 단상에 뭇 새들 잔치 소리

엄마 사랑 감치는 내 마음속 여정에
오월의 하얀 감꽃 같은 눈물 삼키곤
맑은 겨울 하늘 우러러 엄마 불러요

## 당신의 자리

하얀 꽃무늬 드레스 남몰래
까만 밤길로 소리도 없이 오신 님
아침 이슬방울 물고 보조개 살짝
성근 가슴을 일렁이게 하더니
며칠이 지났다고 가신다는 겁니까

짧은 사랑 고왔던 날들
하루해는 저물어 제집으로 간 뒤
몰래 오신 그 길 따라 설운 발걸음
가시는 그 길까지 푸른 사랑을
지펴 놓고 슬그머니 가시었나요

가신 길 그 어딘지 몰라도
내 몸 하나 푸르다 붉어지면
흔적 하나 남기고 이 자리 비우니
어느 별 하나 떨어지는 늦은 밤
당신의 자리는 언제나 여기입니다

## 담쟁이의 넋

모든 게 제멋대로
짓궂은 바람과 비
어쩔 수 없는 나약함

애처로운 모습 노을을 닮았다

한 철 뽐내며
심하디심한 압박과 공포
옹골차게 맞서 온 너의 버팀

나도 한때는 푸르게 살았노라

수혈 없는 실핏줄
속절없는 계절의 뒤 안
하얀 창살만 바라보다가

또 한 번 붉디붉게 몸을 태운다

## 오월 향기에 내 마음 쉬고

파란 하늘보다 더 푸르른
향기로운 나의 기억 하나 있어

사랑보다도 깊게 파인 상처
더 뚜렷이 아름답게 각인되어 있지

아픔도 은혜롭다는 묘한
편향성의 민낯 창백함이 스멀거리고

이성이 마비된 눈먼 가슴에
그때 그 사람이 전부라고 새기었지

장미꽃에 홀리어 물든 심장
노란 꽃창포 벤치에 앉은 청향기

신록에 스르르 잠이 내린다

## 아침이슬 저녁노을

가장 낮은 풀잎 배경에도
작은 이슬 속에는 커다란
옥빛 하늘이 살아가고 있고

외로운 사랑 그 마음들은
맑고 둥글게 구르고 있어요

그 누가 말했던가요
삶은 허무한 초로인생이라고

쑥국새 소리 자지러지는 황혼 녘
노을에 빠져버린 인생길에 앉아
허연 막배기 한 입 베어 무니

두 눈에 뚝뚝 꽃잎이 집니다

## 찬비 젖은 모란 옆에서

찔레꽃, 이팝꽃, 아카시아꽃
하얀 연가에 아파 더듬더듬
편지를 써요
엄니를 불러요

달빛 밝고 별 가루 빛나는 날
은빛 꽃수레 타고 오신다더니

얼마나 기다리고 그리웠으면
오지게 거친 찬비에 오셨을까

고운 한복 갈기져 그윽한 사연
뒷뜰 옹기 옆 성모 같은 울 엄니

아서라 비야
모란 엄니 울 엄니
마음 마르고 고운 옷섶 반짝이게
한 줄기 빛나는 햇살 한 줌 다오

## 이팝꽃 피는 길

엄마와 걷던 길을 간다

보이지 않아도 보이는 얼굴
하얀 꽃 핀 모정의 길을 걷는다

보이지 않아도 보이는 얼굴
배부르게 먹고 나면 사라지는 엄마

이 길은 엄마가 밥 짓는 부엌이다

## 연꽃에 반하다

나 몇 날을 뽀드득 발을 씻고
마음 전부 비우는 연습을 하고
순결한 척해 봤자 어림없더라

진득한 흙탕물을 딛고선 연꽃
아름답고 신비로운 고요의 파문을
감히 한 잎 몸짓을 흉내나 내겠소

그리운 사람 돌아온 촉촉한 밤 보내고
아침 소반에 고운 찻물을 올려둔 체
깊고 그윽하게 바라보며 눈웃음 짓듯

아름다운 꽃이여, 어찌
그리도 단아하고 청초하오이까
나 가는 길을 잊었소, 그대에게 반했소

## 꽃밭에서

내 마음 밭에 엉켜진
풀포기와 꽃들이
제 나름대로 뽐을 냅니다

더러는 하찮은 풀뿌리가
마음 구석에 생채기를 내고
때로는 꽃마리에 미소 짓곤 합니다

우리는 저마다 마음 밭의 주인
남들이 함부로 들어와
관리할 수 없는 부분이지요

행복의 꽃과 불행의 잡초
현명하게 구분하여 솎아버리면
삶이 더 찰지고 원숙해질 텐데
나만의 아름다운 꽃밭이 될 텐데

내 마음 팽개쳐 둔다 한들
행복의 꽃 피울 수 있을까요

## 갈잎의 노래

높아진 하늘 사이
찬 바람이 불어오고
흰 구름이 더디게 흐르던 그날

마음에 머무르던
너를 만난 그해 가을
젊은 연인을 자처한 낙엽의 거리

어느새 세월은 가고
지금은 맑게 흐르는 구름
조용히 묻은 추억이 부스러기

가을을 걸어가는
무심한 발걸음 위로
툭툭 너의 그 고운 사랑이 채인다

내 마음 아는지
낙엽 하나 따라나선다
내 마음 따라서 갈잎이 노래를 한다

## 코스모스 순정

밤사이 긴 목에 그리움 걸어 둡니다

물감 같은 이야기 꽃 그림 깔아놓고
겁 없는 풋사랑 멍울이 살아납니다

어룽어룽 깐족대는 사랑앓이로
꽃잎 편지 연애편지 추억에 듭니다

밀려드는 첫사랑 멀미는 감당칠 못해
서툰 기억들 꿰어 꽃처럼 시를 피워도

애잔한 그리움에 모가지 길어지고
오늘은 못내 아픈 척이라도 해볼까요

## 봄은 어디에서 오나요

하이얀 잔설 무덤 건너
기도하는 돌 틈 사이로

푸르른 하늘가 너머, 너머로
말그레 다가오는 걸까

파드득 바람 입술에서
풀잎 소리 나는 걸까

별빛 기다림 포로롱 앉는 날
입춘 실루엣 살폿한 춤사위

실개울 흐르는 마음 지평선
아지랑이처럼 언제 오시나요

## 은사시나무의 동경

오월의 목소리가 참 맑습니다

햇살의 공백에 불어오는 미풍에도
가녀린 찬비 푸르름 앞지르며

뽀얀 배 갓 뒤집는 백일 된 아가처럼
허하게 떨며 쇠어가는 머리칼처럼

저 찰랑이는 은색 잎새들의 적요

팔랑팔랑 기다림을 부르듯
잎새의 하얀 사연을 읽고 가련다

## 사랑하기 좋은 날

이렇게 눈물 맺히도록 좋은 날
바람의 바퀴에 묻어온 예쁜 날

허락 없어도 그대에게 닿고픈 마음
어렴풋이라도 내 진심 아시는지요

덧없는 삶의 길에서 나를 내려놓고
이제 그대에게 행복을 드릴게요

모든 날 모든 순간 그대를 위해서
우아하게 사랑하는 법을 배울게요

# 제3부
## 꽃물을 들여요

## 백일홍을 닮다

길고 긴 여름 빗장을 붙잡았다

아픈 진저리로 기특하게 살아내도
틀에 박힌 노출된 백일의 숫자

한 겹, 두 겹 붉은 꽃잎의 여유로움
짧은 생애를 동경과 깨달음에 두고

어쩌면 느린 천년을 욕심내지 않고
이미 모든 걸 다 비우고 있었겠다

너무 튀지 않고도 아름다운 백일홍
어느 시인의 서정시 한 자락 닮았다

이제는 빗장을 놓아도 되겠다

## 봉숭아 꽃망울 · 1

예쁜 반딧불이 잡던 푸른 여름밤
헛간 지붕 위 하얀 박꽃이 졸고 있었다

고개 젖혀 밤하늘 북두칠성을 헤던
순박한 작은 소녀는 덜컥 떨리었겠지
소년의 입술이 진창물 들었을 테니까

윗말 밤나무집 작은 오빠 꼬드김에
낯선 서울행 야간 열차에 올랐거든

이제라도 탁탁 톡톡 축포를 터뜨려
소년과 소녀의 순정을 축하해 주고파

여전히 그들은 사랑하고 있을까

## 봉숭아 꽃망울 · 2

나를
건드리지 마세요

나를
절대 울리지 마세요

담장 밑에 선 나를 보더라도
그냥 지나쳐 가세요

아직도 꽃향기는 남았기에
허연 사랑을 고백할 수도 있지만

그대만의 짜릿한 비밀이거나
묻어 두고픈 아픈 비련 토막들

마구
터뜨릴 수 있으니까요

## 꽃물을 들여요

보드레한 꽃구르미 서녘을 넘으면

고향 집 토방에 달빛 가루 흥건하고
쓰르라미 찌르찌르 뒤꼍에서 울었지

엄니가 동여 매준 봉숭아꽃 손톱
빨간 꽃물은 꽃물만이 아니었음을
세월의 뒤안길이 알려 주더이다

하얀 밤 꽃지는 소리, 바람의 소리
새벽 두 시 오십 분 돛단배 기대어

빛바랜 나이 업고 고향 집 와보니
모두가 떠난 자리 옛 기억만 뭉클해

달빛마저 적요한 밤 외로운 노 젓기
빈집을 허옇게 허옇게 기웃거리다
늦잠 든 나는 오래된 돛단배 한 척

## 물억새

예쁘길래 무심코 꺾었어

떠난 이의 등이 떠오르고

더 외로운 날에
더 아파 온 날에
따라 석양이 지는 날에

그런 날들의 익숙함은 삭제되고

문득 비릿한 낯설음을 알았어

꼬리에 꼬리를 문
그리움의 피사체
좌르르 하얗게 흐느낄 때

떠난 이 더 멀어지는 소리였어

## 소화의 금지된 사랑

하늘이시여, 나 아프다오

제발 내 맘대로 그냥
저 날 선 담장 넘어서라도

사랑하는 그 사람을 꼭
만날 수 있는 힘을 주소서

두 번을 죽더라도 좋고
그 사랑에 미쳐도 좋으니

단 하루라도 허락하소서

주홍빛 금지된 사랑앓이
소화의 슬픈 기도랍니다

## 바라기

쑥스러운 마음 숨기고
당신을 쫓아가고 있어요

한 번쯤 살짝 뒤 돌아볼까
언제쯤 눈빛 한 번 마주칠까

한 계절을 애태우다가 해 지고
끝내 해바라기 고개를 떨굽니다

오늘도 어제처럼 삼켜버린 말

당신을 사랑하면 안 되나요
당신을 사랑하고 싶습니다

그대 들리시나요
내 안에 머무는 뜨거운 그대

## 민들레 순정

나는 고난의
딱딱한 길도 거부하지 않아

경험이 나를
성장하게 해주는 걸 알지

시궁창에서, 콘크리트 틈에서
아무렇게 밟고 간 구두 밑에서

나는 너를 만나기 위해
그리 비바람에 수천 번을 울었어

## 목단꽃이 피었어

모란이 붉은 가슴을 열고 있어

나, 기억하는 우리 엄마의 이야기

소녀의 시집살이는 비극이라고
꽃은 슬픈 눈물의 바다를 보았데

가난과 투쟁하며 모진 흔들림에도
앞뜰 목단 보며 살아내셨댔지

저마다 모양 다른 작은 꽃들에
아름다운 배경이 되어준 우아함
풍성함에 풍요를 습득하신 거야

빈곤의 시절 고뇌를 꽃에 기대면
당신에겐 위로와 명예가 아니었을까

모란은 크고 붉은 가슴을 열고 말았어

우리 엄마 이야기 아직도 남았는데

## 목련이 피는데

찬란한 만남의 설레임보다는
슬픈 이별이 더 먼저 생각나는 꽃

거짓말처럼 영화 속처럼
내 손을 살며시 잡아주실 것 같아

엄마 그리워 엄마를 닮아버린 꽃

고아한 내 엄마의 간곡한 울림
지상의 짧은 모정 섧고도 희다

한 주먹의 눈물로 목련이 피었다

## 진달래 상념

분홍색 꽃 무리에 추억 핑계 대고
며칠을 발끝이 무례하게 간질거렸어

염치없이 진달래꽃과 바람 한 점 꺾어
창가 청잣빛 옹기에 안주하게 했더니

꽃 대문 열고 단발머리, 상고머리 친구
빈방에 청아한 수다 냇물처럼 맑다

인자하신 울 엄마 내 친구들 모이니
낡은 갈색 살강문 수없이 덜컹거리고

막걸리에 흰 당원 녹인 구수한 보리개떡
쟁반에 소복소복 내주시며 웃으셨어

꽃술 따 내기하던 초경 붉던 내 친구들
오늘은, 따뜻한 별 엄마가 그리워진다

## 도라지꽃 보며

영영 볼 수 없는 기억들이
스티커처럼 붙어 끈적끈적해

사무친 너의 보랏빛 블라우스
보랏빛 도라지꽃이 눈에 스며든다

언제쯤이면 만남과 헤어짐의
연도를 잊을 수 있을지를 몰라

잊을 수 없는 너 아슴히 그리워

그래
사랑을 잊는다는 건 너무 잔인해

## 접시꽃을 보면

차곡차곡 걸어둔 예쁜 접시꽃
정갈한 그녀의 부엌살이 보는 듯
그녀가 차려준 소박한 소반 같아

떠날 사람은 떠나는 거라면서
잊힐 사람은 잊히는 거라면서

그 밤 술 취해 울던 널
미워하지 않아
철없는 시절 섣부른 약속
영원하지도 않아
꽃도 사랑하고 용서하고 헤어지잖아

접시꽃 보면 도종환 시인님 마음이 스며

그러니까
어디에 있던지 아프지만 마
그러면 살아가니까

### 비와 나


빗물에 떨어진
꽃들이 쉬고 있다

연보라 라일락꽃 아래
한 마리 중년의
고양이가 떨고

나도 우두커니
유리창에 기대어
그냥 무념의 자세로
비를 바라본다

푸르고 빛나던 청춘
계절 따라 피고 지고
저 꽃이 몹시 부럽다

왠지 외로워지는
꽃이 지는 봄날의 오후

비가 낮은 소리로 지나가고
커피 물이 폴폴 끓고
나는 아직도
덩그러니

## 비 오는 밤이면


저 으깨지는 빗방울에
삶의 몸부림을 보았는가
추적이는 빗소리에 묻혀
고단한 오늘이 물컹 허물어진다

비가 오고, 젖고
녹아내리는 가슴들 너무 많아
넌 누구를 위해 울어줄 수 있나

비에 물들어 가는 그대
당신은 어디로 가고 있나
그대의 마음은 어디로 갔을까

가쁜 호흡으로 이어지는
시간은 비릿한 푸른 물결
노를 저어 찾아가는 늦은 밤
눈먼 밤의 언어들이 펄떡이더라

## 민들레의 고요한 도발

네가 왜 거기에 있냐고
탓하듯 물어 오네요

어떤 이는 간덩이 크다며
오해도 자꾸 하고요

어느 길손들은 경험이
행복이라고 하기도요

초록이 넘실거리면
왠지 아쉽잖아요

또 다른 색 노란 꽃 하나
산뜻하지 않나요

우리
너와 나처럼 맑게요

## 민들레 홀씨

이봐
우리 강바람만 있으면
어디든지 기쁘게 갈 수 있잖아

어때
예쁜 마음 돌돌 말아서
희망 가득 안고 날아보는 일이

기도하는
작은 소녀에게로
두 손 꼬옥 잡은 노부부에게로

그리고
우리 그리고는
이름 없는 고요한 들판으로 가자

## 자운영꽃을 잊었니

덜컥 그 애가 그리울 때면
봄밤 그 별을 찾아 헤매지

해묵은 논배미에 일렁이는
연보라 꽃구름에 풍덩 빠지기도

꽃반지, 꽃시계, 목걸이 걸어주며
사금파리 미소가 빛나던 그 애

한 번도 내려오지 못한 저 별
연보라 자운영꽃을 너는 잊었니

아니 나를 잊었니, 정녕 잊은 거니

그 애와의 첫사랑은 입증된 채로
그리움에 절여진 나 울고 있네

쟁기 발톱에 꽃 지네, 너도 지네

## 수수꽃다리 피는 날

수수꽃다리 피는 날
푸르른 늦봄의 밤이야

연보라 꽃향기를
나는 아직도 못 잊어요
아니 너를 못 잊는 게야

꽃 뭉치에 흐르는 건
새포름한 풋내 그대의 향기

이루지 못해서 더 곱다고
잊어버리기엔 아직도 떨려
첫사랑 입술 수수꽃다리

# 꽃비 내리고

그대와 걷던 찬란한 벚꽃길
후둑후둑 하얀 꽃비가 쏟아져요

왜 이리 꽃의 삶이 허무한가요

가슴에 조준한 꽃비에 눈물이 나
그대가 더 그리운 건 아닌지요

왜 이리 꽃과 이별이 빠른가요

잔잔한 꽃비 몽환곡 켜두고
그대 이름 써놓고 기다립니다

나 그대 생각에 눈물이 나거든요

## 보랏빛 제비꽃

1.
오늘도 그리워, 그리워
보랏빛 연서 새겨 안고

대문 앞에서 하염없이
그대 오기를 기다립니다

2.
누군가 날 구둣발로 밟고
화려한 벚꽃 구경 가네요

아파도 내게 남은 보랏빛 향기
훌훌 등 뒤로 날려 드릴게요

3.
언덕배기 예쁜 모델 제비꽃
나도 가만히 끼여 볼까요

어쩌면 혹시 알아요
나도 꽃으로 보아줄지요

## 하얀 꽃 편지

우리가
또독또독 걷던 길
봄빛은 풍성하게 흐드러지고
그대는 환하게 웃었지요

아쉽게 헤어져 돌아선 밤들
끝내 다 말하지 못한 고백을

은빛별 가루 묻혀 쓴 꽃 편지
하얗게 모서리 걸어 두었어요

파르르 흔들린 핑크빛 입술
꽃나무 아래로 올 수 있나요
하얀 꽃 편지는
저랍니다

## 그녀는 풀꽃

풍경 좋은 자리
다 마다해 놓고
피딱지 긁어내고 구멍 난 가슴에
푸릇한 둥지 틀어 사랑을 심었다

주소도
일생도
흠집으로 옮겨 와
행복을 잉태하는 맑은 그녀는 풀꽃

너무 경이롭고 이쁘기만 하다
보일 듯 말 듯 그윽한 미소 담아서
정녕 그녀라서
그녀니까 고맙다

## 풀꽃으로 살고 싶다

나
오늘은
또 누구의 가슴에
작은 풀꽃처럼 기대어 살까

풀꽃의 마음으로 모두 용서하며
사랑하는 게 어디 그리 쉬울까마는

나
오늘도
헤진 가슴을 찾아
성모의 하얀 풀꽃으로 필까나

촌스러운 우리들만의 이야기
나직하게 울고 웃으며 살고 싶다

## 꼬치, 꽃이

어느 날은 칫 토라지고
어느 밤은 쏘옥 안긴 체
마냥 쫑알쫑알 졸졸졸

나 꽃이야, 별이야
나 향기야, 꽃이야
나 꽃보다 이쁘지

꼬치꼬치 명랑한 입술로
별것도 아닌데 꼬치꼬치
애교로 꽃이, 꽃이 핀다

사랑의 연가와 서정을 줍고
꽃을 사랑하는 꽃쟁이로
그들은 그렇게 살아간다지

꼬치꼬치 묻고
꽃이 꽃이 피고 있다

## 부족한 사랑

오늘, 아직은 모자란 사랑

한 발, 하루
무턱대고 갈 수 없는 우리 길

해가, 달이 뜨고
별이 반짝이는 밤이 온다는 말

이젠 설렘으로 기다리는 길

언제면 마음 놓고
이 부족한 사랑 그대랑 나눌까

# 제 4 부

별과 비와 나

## 나를 위한 기도

꽃피는 아침에는
은총의 감사와 찬양을

바람 부는 날에는
고요와 비움의 나래를

속절없이 별 지는 밤에는
술 한잔 허락하소서

비 오는 저물녘에는
온전한 용서와 고해를

방황하는 사랑 앞에서는
뜨겁게 울게 하소서

축복받은 저 강인한 낙타의
푸르고 산뜻한 그림자 되어

태양의 광야를 질주하는
희망과 용기를 주시옵소서

## 매미 허물을 벗다

실패 없이 잘 벗어 놓은 허물은
어떤 결정에 마지막 울음인 거야

미니피규어처럼 미동은 없으나
푸른 창공을 향한 산란의 용기리라

살아온 여운의 찬란한 껍데기
누구나 마지막 잎새가 돼 듯 말이야

매미가 남긴 빈집에서 나를 발견하고
유랑의 사랑을 벗어 매미처럼 운다

나를 위한 마지막 울음이었다

## 김장 블루스

요염한 입술 빨강 드레스
화려한 비주얼 영혼마저 반하니까

김장 블루스
김장 블루스

이웃사촌 모여서 환상의 춤을 추네

외롭고 차가운 고난의 김칫독
적당히 곰삭아 어느 좋은 날에

소중한 무대 초대 받으면
붉은 치마끈 풀어 다소곳이 오르리

사랑도 그렇게 참고 기다리는 거래
진실한 사랑은 그렇게 익어가는 거래

김장 블루스
김장 블루스

자, 우리 황홀하고 멋진 춤을 춥시다

## 수평선 저 너머

실밥처럼 가느다란 저 선 하나
자꾸만 그리움을 꺼내게 합니다

이별식을 치른 모래성은 없는데
바다는 우화 물감을 엎질러 놓고는
여전히 황홀하게 아름답습니다

저물녘 붉어진 진달래 뭉텅뭉텅
꽃 무더기 노을 아프게 떨어질 때면

깨어진 파도의 편린들이 몰려와
그 노을을 줍고, 물고, 안고, 읽고
숨 가쁘게도 바다는 달려옵니다

태양과 달과 별과 물새의 수평선
그들은 우리처럼 작별하지 않습니다

오늘은 수평선을 당기고 싶습니다
그 너머 먼 사랑이 있을 것 같아서요

## 택배로 온 고향

그녀의 소박한 선물 꾸러미가 왔다

끈적끈적 누런 테이프에 묻어 나온
노란 수세미꽃 지는 소리
풀벌레 소리

냇가의 송사리 떼와 은빛 반달도 있고
달밤에 불어주던 하모니카 소리도 들려

애호박, 풋고추, 간질간질 참깨 소리
채송화 앉은 장독대 간장 냄새 좋다

초경앓이, 청춘앓이 세월 따라 두근두근
멱감던 고향 냇가 미루나무 등 기대어
마냥 흘러가는 구름 바라보고 싶다

## 담쟁이

너도나도
다 모순덩어리야

애써 그 벽
허물려고 하지 마

손잡으면
마음도 통한 거니까

## 별과 비와 나

별빛이 내리면 좋아하고
비가 내리면 빗소리 좋다던

언제나 산뜻한
그 사람이 올 것 같아

별과 비와 나 사이를
오가던 그 사람

텅 빈 하늘을 불러와
별을 그려본다

어차피 어디에 있는지
짐작도 없이 모르는 사람

## 너만 좋으면 돼


거친 빗속을 사부작사부작
풀꽃 지천으로 피어난 신작로 끝
감꽃 미소로 그녀를 만났어

타다 남은 옛이야기 편지처럼
정작 마주 앉고 보니 야위었구나

유년 시절의 여백을 채우면서
뫼 바람 젖은 시들지 않는 술잔

그래, 그래 너만 좋으면 돼

꽃에 대하여, 희노에 대하여
죽음에 대하여, 사랑에 대하여
여름날 수덕사 길손 집 푸덕인다

이대로 출렁이며 한 열흘 정도
소리 없는 바위가 되고 싶구나

그래, 그래 너만 좋으면 돼

창밖은 죽지 않는 장마의 타령
후련히 언덕배기 찻집으로 가자

## 거미줄 같은 날

네가 보고파서
펜 바구니 모조리 엎어놓고

거미줄에 걸린 언어와 몇 시간 씨름박질

막다른 골목길에 끌려가
혼절한 후 깨어났다

흩어졌던 단어들은
덥수룩한 책상 밖으로 탈출하고

남겨진 기억, 니은이 제멋대로
하나, 둘 글 꽃으로 피어난다

그래 억지 생각 붙들어 와서는 뭐 해

단어나 언어, 모음이나 자음
뒤섞어서 엮으려니

저네들도 힘이 들어 반항하는 거야

조임 없이 느슨하게 피어나는 들꽃이
순수하고 싫증 나지 않는 법

커피 한 잔이 주는 이 편안함
참, 이런 아침이 흐뭇한 맛이 있다

## 미역이 살아났다

짙푸른 미역 한 줄 담근다

뻘밭 걷던 싱크대 안에서
파도가 출렁거리고

삐쩍 말랐던 미역이 살아났다

엄마라는 서툰 명칭을 달고
어색한 풋 가슴 부풀게 해주던

미역국 한 사발 서린 김 사이로
떨어지던 뜨거운 눈물방울

천륜의 증거를 달아준 끈이었다

## 사랑에 대하여

사랑이 오면
사랑을 하세요

사랑에 대하여
비겁하지 마세요

만약 이별이 온다면
흔쾌히 떠나보내세요

사정하는 사랑은
오래가지 못해요

필연적인 사랑만
불멸의 사랑이에요

## 네가 있었으면

나는 유일하게
참 잘하는 게 있어

절대 외로워하지 않아
아니 매우 잘 이겨 내지

어떤 기다림에도
절대 무너지지 않아

그런데 말이지요
못하는 게 하나 있어

그리움
그리움은 어쩔 수가 없어

어떤 음악을 들어도
때론 독한 술 한잔을 해도

대신이란 게 너무 무정해
눈물샘이 젖더라

그리움은 어찌하나요
오늘은 네가 있었으면

## 커피를 사양합니다

묻는 길 가르쳐 줬더니
미소로 친절히 응했다고

커피를 한 잔 하자랍니다

낮달이 하얗게 떴다니
그래서 어쩌라고요

천상 첫사랑 닮아서
좋은 조짐이라니

곧바로 신고 감 아닌가요

나 이석증 때문에
잘 안 들리고 휘청거려요

커피 니들끼리 하세요

## 내 사랑 볼펜

나의
변변치 않은 언어가
펜 한 자루 입질에 걸려있지

메마른 정서에
가출한 부호들

다
불러들여 앉혀놓고
까만 꽃씨를 빈 원고지에 심는다

## 커피 한 잔

빨래를 돌려놓고 커피와 마주한다

아침에 마시는 커피 한 잔으로
그리움의 물기를 말리는 건
도무지 불가능해

생각은 무언의 소용돌이
창밖 바람 한 점의 야상곡
불쑥 보고픔을 풀어 놓는다

어제 데려온 구절초 꽃묶음
너도 밤새 뒤척인 모양새
초연하게 웅크리었다

뭐야
마음에 번진 그리움을 떼어내느라
한 시간을 혼미 했나보다

세탁기 벨이 벌써 울린다

빨래를 꺼내려고 몸을 일으키니
웅크리고 있던 한 조각의 그리움
멋쩍게 창밖으로 달아나고 있다

## 그런 사람

우주를 다 털어도
나밖에 안 보인다는 사람
그런 사람

엄청나게 이쁜 꽃보다
내가 더 이쁘다는 사람
그런 사람

나의 구태와 촌스러움
유효히 사랑하며 영혼이 맑은
그런 사람

사랑의 연정에 감사하며
때론 행복을 눈물로 말하는
그런 사람

나만 바라보고 나만 사랑하고
등을 보이지 않는 사람
그런 사람

내가 먼저 그런 사람이 되자

# 빙점

오늘
미소로 친절하지 않으려면
어느 자리에도 가지 마라

설령
겁쟁이처럼 이별이 두렵다고
물 같은 인연 거부하지 마라

얼어버린 찻물처럼
때로는 따듯한 흔적처럼
낯선 빙점은 사철 존재한다

# 등

저 지는 낙엽의 등을 보았는가
훅훅 수분이 증발한 흰 생선 뼈
또 어느 잎새는 골수마저 없다
다 내어주니 정녕 그럴 일이다

나는 언제부터인가 꽃을 볼 때나
잎새의 색이나 매끈한 앞면보다
뒤틀리고 거친 등을 참 좋아한다

나는 나의 건조한 등을 사랑한다
그 어떤 멍에와 혹독한 버팀과
푸른 인내 그런 것들을 책임졌던
등이라서 뻔한 고마움이 아니다

더러는 간절토록 내 등이 그립다
고개를 빼고 돌려도 못 보는 등
바들바들 손을 뻗어도 아득한 등을

그 어떤 연민의 정 같아서 좋다
연민 같은 거, 어떤 연민 같아서

## 낙엽 소리

낙엽 속으로 발목을 담았어요

묘하게끔 딴청 부리다가도
짐짓 멈추고 낙엽의 소리 들어

바즈락바자작 밟히어도
세상의 모든 신발들을 사랑하지

우리네 인생길 장밋빛이라 해도
가을 낙엽보다 고울 순 없어

너도, 나도 그만큼 맑게 살았는가

## 서해 낙조

만선의 깃발 솟고
어부는 기뻐라

수평선에 걸친
노을빛 낭만이여

고요한 적빛 물결
황혼길 사연이야

저물녘 서해 낙조
내 삶의 장르 하나

# 가을 닮은 여인에게

단풍 같은 여인이여
나이가 들어가면서 생각도
여러 색의 감정으로 물들어
감히 사랑하게 되었습니다

청춘의 날 생떼 같은 느낌이
이젠 시월의 은은한 풍경처럼
더욱 아름답게 무르익었습니다

가을을 닮은 여인이여
그저 내 맘 챙김해 주는 온기
편하고 안온함에 고맙습니다

## 9월이 기차를 타고

때가 되니 온몸이 곪아도
제 온 길을 되돌아가야 한 대

늘 옆에 밝다가 꺼져버린
미련한 아쉬움은 시월에 전하고

낡고 녹슨 철길 위 너를 보낸다
안개 속에 아련한 바람의 지문

헤이즐넛 향기는 너무해
늘 남는 건 외로운 그림자

기차를 탄다, 너도 함께 타련

# 가을 서곡

이름 모를
풀씨며 벼 이삭들
담장 위나 나뭇가지 끝에서

저마다 무거워지는 열매 송이
한울안울 가을 향연 기쁘다

마음과 마음
바람 같이 유영하며
우리 사랑도 동글동글 익어라

## 가을에 꽃 피는 여자

내 인생 개화기는 가을이고
지금이라고 말 하렵니다

간결하지만 진부하지 않은
감미로운 꽃망울 터질 거예요

은빛 머리 풀어 헤친 강둑에서
주홍빛 석양 뚝뚝뚝 젖어 들면
얄팍해진 가슴 시려도 오겠지만

내 인생 결코 황혼 녘이라며
매우 슬퍼하진 않을 테니까요

황금빛 들녘이 부럽지 않는건
나의 절정기 가을이 왔습니다

# 달팽이가 쓰는 시

달팽이가 지나간
맑은 풀잎을 보면
토옥톡 이슬 젖은 시가 구르고

달팽이가 앉았던
키 작은 들꽃에서
츠츠츠츠 적어둔 시집을 줍네

조급함 버리고
느리게 아주 느리게
주변을 헤아리며 소유하지 않으며

## 홍시가 익어가는 길

눈 쌓인 오솔길 옛 주막집 홍등처럼
쓸쓸한 기다림 속 낮달 닮은 홍시 하나

거기 대롱이는 것은 내 마음 아니더냐

유난히 아득해진 그리운 붉은 허공
직박구리 동박새 겨울 텃새 치열하여

나 하나 빠알가니 으스러져 찢겨도
겨울새들 쉬어감이 감사함이더라

찬바람 속 동행은 위안의 길이 아닌가

아직도 단내나는 내 작은 행복 환희여라

MEMO

이월호 시집

**멍첫...
채송화**

초판 발행일 2023년 9월 22일

지은이  이월호

펴낸이  양상구
웹디자인  김초롱
펴낸곳  도서출판 채운재
주소  우) 01314 서울시 도봉구 시루봉로 15라길 38-39 301호
전화  02-704-3301
팩스  02-2268-3910
H・P  010-5466-3911
E-mai  ysg8527@naver.com

정가  12,000원
ISBN  979-11-92109-50-3(03810)

@ 이월호 2023

* 이 책은 저작권법에 따라 보호받는 저작물이므로 무단전재와 무단복제를 금지하며 이 책의 내용 전부 또는 일부를 이용하려면 반드시 저작권자와 도서출판 채운재의 동의를 받아야 합니다
* 파손 및 잘못된 책은 구입처에서 교환해 드립니다